W0188110

Dieses Buch gehört:

Hölkers kleine Küchenbibliothek

Das kleine Brot-backbuch

gesammelt und ausprobiert
von Jutta Kürtz

verlegt von

Wolfgang Hölker

ISBN: 3-88117-364-1
VVA-Nr.: 280/00364-6

© 1983 Verlag Wolfgang Hölker GmbH, Münster
Alle Rechte vorbehalten, auch auszugsweise
Graphische Gestaltung: Rainer Eichler
Printed in Germany by Druckhaus Cramer, Greven
Buchbinderische Verarbeitung: Klemme & Bleimund, Bielefeld
Musterschutz angemeldet beim Amtsgericht Münster

Inhalt

Vorwort für Eigenbrötler

Die ersten Bauern waren die Ameisen. Sagt die Sage.
Und sie stützt sich dabei auf die Sprüche Salomons.
Die Ameisen sollen als erste mit Fleiß und Sorgfalt
Körner in die Erde gelegt, Unkraut gezupft,
das Wachsen der körnertragenden Gräser überwacht
und die Früchte geerntet haben.
Märchen oder Wahrheit – die ersten Menschen waren
keine Bauern. Sie waren Jäger. Sie ernährten sich von
den Tieren und Früchten des Waldes. Wildwachsende
Pflanzen gehörten zu ihrer Beute – auch Gräser.
Unbeachtet fortgeworfen, vergessen wuchsen die
ersten Mehlfruchtarten unter ihnen zufällig heran.
Ihre Früchte waren das älteste Brotgetreide. Durch sie
wurden die Menschen seßhaft. Sie warteten auf die
Ernte ihrer Saat, wurden Bauern, verarbeiteten die
Früchte.

Immer noch sind 60 Prozent aller Äcker der Erde mit
Getreide bestellt. Mit den verschiedensten Arten.
Noch immer ist Getreide die größte Nahrungsquelle
für die Menschheit.

Reifende Getreideähren, wogend im Sommerwind –
Erntekronen aus vielerlei Getreide gebunden – das
sind in der ganzen Welt Symbole für das tägliche Brot.
6000 Jahre alt ist die Geschichte unseres Brotes. Jahr-
tausendelang stand Brot im Mittelpunkt des Lebens.
Immer noch steht das Christus-Wort: Ich bin das Brot
der Welt.

Der Mensch lebt nicht von Brot allein. So heißt es.
Und doch belegt die Geschichte anderes. Wollten zum
Beispiel die Inkas einen Feind oder Verbrecher mit

einer quälenden, todbringenden Strafe belegen, so
sperrten sie ihn ein und gaben ihm nichts als Fleisch
zu essen. Er verhungerte elendig. Hätten sie ihm
nichts als Brot gegeben, er hätte überlebt. Denn Brot
allein enthält alle Stoffe, die für die Erhaltung des
menschlichen Lebens notwendig sind. Das spielt auch
heute eine wesentliche Rolle. Ernährungswissen-
schaftler haben festgestellt, daß Brote aus grobgemah-
lenen Mehlen neben wesentlichen Mineralien und
Spurenelementen auch das wichtige Vitamin B_1
(Thiamin) enthalten, das vor allem im sogenannten
„Schildchen" sitzt – einer Zellschicht zwischen dem
Mehlkörper und dem Getreidekeim des Korns.
Mangel an Thiamin kann zu Leistungsminderung,
Konzentrationsschwächen, Kopfschmerzen, Vergeß-
lichkeit und Funktionsstörungen an Organen und
Nerven führen. Gesundes Brot aus grobem Schrot
trägt daher wesentlich zur Deckung des Tagesbedarfs
von 1,5 bis 2 Milligramm Thiamin bei.
Im deutschsprachigen Raum, das haben jüngste
Statistiken ergeben, verzehrt der Durchschnitts-Bürger
jährlich um 70 kg Brot. Tausende von europäischen
Betrieben sorgen Tag für Tag dafür, daß eine Fülle
frischer Brote und Brötchen auf die Tische der
Hungrigen – und vor allem der Genießer! – fällt.
Denn einen Sortenreichtum an Brotgebäcken wie auf
unserem Kontinent gibt es in der ganzen Welt nicht
noch einmal.

Dennoch haben sich in jüngster Zeit gerade die Haus-
frauen zu eifrigen Eigenbrötlern entwickelt, zu „Per-
sonen, die ihr eigenes, selbstgebackenes Brot ver-

zehren", wie es laut Lexikon noch hieß, als der Eigen-
brötler nicht zwingend auch ein Sonderling war.
Sonderlinge sind sie schon lange nicht mehr, die
Eigenbrötler, die zu Hefe und Sauerteig greifen, die
sich bei Bäckern, in Mühlen und Reformhäusern die
verschiedenartigsten Mehle besorgen und mutig drauf-
loswalgen. Der eigene Herd ist auch für Brot-Bäcker
Goldes (und Geldes!) wert – selbst ein „ganz norma-
ler" Haushaltsherd, in dem sich alle in diesem Buch
aufgezeichneten Gebäcke mühelos backen lassen.
Wer gar einen Steinbackofen hat, mag sich der Sehn-
sucht nach nostalgisch Hausgebackenem vollends hin-
geben und auch für den rechten Hauch von Hölzern
und Kräutlein sorgen.
Gewiß, der Eigenbrötler schafft nicht, was die größte
und modernste Bäckerei Europas mit Stolz vorweist:
in nur einer Stunde produziert sie 2,7 Tonnen Brot
und 88000 Brötchen. Der Eigenbrötler kann nur ein
Machwerk aus seinem Ofen hervorzaubern. Aber was
für eines! Denke er doch immer auch daran, daß vor
einigen Generationen ein Bäckermeister mit folgen-
den Worten die Vorzüge handgebackener Brote
herausstrich: „Gerade beim Kneten hat der Bäcker
seine ganze Seele in den Fingerspitzen. Solange
Maschinen auch bei dem vollkommensten Mechanis-
mus gefühllos bleiben müssen, werden sie nie die
fühlende Hand, die Bäckerseele ersetzen können . . ."
Eines nur sollte jeder Eigenbrötler wissen, bevor er
ans Werk geht:
Er braucht zweierlei – Geduld und Phantasie.
Geduld mit dem Teig und mit sich. Phantasie bei der

Veränderung von Grundrezepten und bei der Gestaltung der Gebäcke.

Hier noch ein wichtiger Hinweis zu den einzelnen Rezepten. Unter „Gewürze in Kürze" (siehe Seite 90) findet der Eigenbrötler unerläßliche Tips für den Umgang mit Salz und anderen Gewürzzutaten. Trotzdem kann jedes einzelne Rezept überraschenderweise mißlingen, zu einer faden Angelegenheit, zum Plattfuß oder Bäckerloch werden – und beim nächsten Mal schon gelingen. Als Eigenbrötler muß man Fehlschläge hinnehmen können und Geduld haben: ganz besonders, wenn man sich zu ungeübt an grobe Sauerteigbrote heranwagt. Jeder Eigenbrötler sollte andererseits den Mut haben, ein eingeübtes Rezept durch besondere Zugaben und Ausformungen zu einem ganz persönlichen Hausrezept umzuwandeln. So wird er zum wahren Eigen-Brötler.

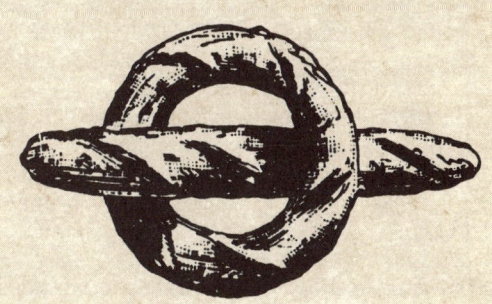

Brote mit Hefe

Backen mit Hefe

Weizengebäcke – auch Weizenmischbrote, bei denen
der Weizenmehl-Anteil höher ist als der anderer
Mehle – werden mit Hefe gebacken.
Backen mit Hefe – das ist viel unkomplizierter, als
manche Hausfrau (auch heute noch) meint. Die von
Generation zu Generation überlieferte Furcht, Hefe-
gebackenes sei nur etwas für Könner und Kenner,
ist gänzlich unbegründet. Es gibt nur zwei Dinge,
die man beim Backen mit Hefe beachten muß:
1. Hefe darf nie heiß verarbeitet werden. 2. Hefe und
Hefeteige brauchen Zeit zum Aufgehen. Man muß
also etwas Geduld zeigen. Alle anderen geschürten
Ängste sind unbegründet. Hefe und Hefeteige ver-
tragen Zugluft, sie gehen sogar bei Kälte (auch im
Kühlschrank) auf, man kann sogar auf die Arbeit mit
dem Vorteig verzichten (siehe nebenstehende Anwei-
sung). Hefe ist etwas Lebendiges. Da sie nicht nur
ihres Geschmacks wegen verwendet wird, sondern als
Treibmittel für den Teig dienen soll, braucht sie
„Nahrung". Das sind vor allem Kohlehydrate. Wärme
ist von Nutzen. Zucker, Mehl, Milch sorgen dafür, daß
sich Kohlesäure und Alkohol bilden, die die Teigmasse zum Aufgehen bringen. Das ist das Prinzip des
Hefeteiges.
Nach altem Muster läßt man Hefe dreimal gehen,
bevor man das Backwerk in den Ofen schiebt. Einmal
als Vorteig (Hefe wird mit Zucker und wenig warmer
Flüssigkeit in der Mitte der Mehlmenge angerührt und
zum Aufgehen beiseite gestellt), dann als fertig-

gekneteter Teig (der warm gestellt wird) und zum
Schluß noch einmal als endgültiges Backstück vor
dem Abbacken.
Inzwischen haben Küchenexperten ausprobiert, daß
man gut auf Arbeits- und Zeitaufwand mit dem Vorteig verzichten kann. Nur: Man muß dem fertigen
Hefeteig und dem Backwerk dennoch genügend Zeit
zum Aufgehen lassen.

**Nach herkömmlicher Art wird die Hefe mit Zucker und
etwas warmer Flüssigkeit zu einem Brei verrührt, bevor
sie mit den restlichen Zutaten vermischt wird. Es ist
aber genauso gut, die frische Hefe mit etwas Zucker in
einer Tasse zu zerdrücken und dann zu warten, bis sie
ganz zerläuft. Man kann mit einer kleinen Gabel nach
einer Weile nachhelfen. Jeder Hefe-Bäcker muß selbst
entscheiden, welche Methode ihm am liebsten ist. Sie
gelingen beide.**

Frische Hefe kauft man in Lebensmittelläden oder
beim Bäcker. Sie ist normalerweise in Würfeln à 42 g
abgepackt. (Man rechnet auf 500 g Mehl 1 Würfel
Hefe, kann bei leichteren Teigen aber die Hefemenge
bis zur Hälfte reduzieren.) Sehr günstig ist es, beim
Bäcker Hefe im Block (250 g, 500 g) zu kaufen und sie
dann selbst zu portionieren. Frische Hefe bewahrt
man am besten im Kühlschrank auf. Dazu gibt man
sie in ihrer Verpackung in einen Plastikbeutel oder in
ein gut schließendes Plastikgefäß und träufelt wenige
Tropfen Wasser über die Hefe. So verschlossen hält
sich ein Würfel frische Hefe bis zu zwei Wochen.
Gut – nach Packungsvorschrift – zu verwenden und
als Vorrat empfehlenswert ist Trockenhefe.

Grundherstellung für moderne Hefegebäcke:
Hefe mit warmer (nicht heißer!) Flüssigkeit und wenig
Zucker verrühren oder mit Zucker allein aufrühren
(siehe Seite 15). Mehl, Gewürze und alle anderen
trockenen Zutaten vermischen und in eine große
Schüssel geben. Das weiche Fett auf dem Rand verteilen. Alle feuchten Zutaten gut verrühren und über
dem Fett verteilen. Hefe in die Mitte geben und von
der Mitte her gut verschlagen. Teig mit der Hand oder
mit einem Knethaken sehr gut durchschlagen. Der
Teig muß elastisch sein. In bemehlte Schüssel geben
und bei etwa 35 Grad aufgehen lassen. (Früher sagte
man, der Teig müsse um die Hälfte steigen. Eilige
Hefebäcker dürfen schon vorher weiterarbeiten.) Teig
erneut gründlich durcharbeiten. In die gewünschte
Form geben und noch einmal aufgehen lassen.
Abbacken.

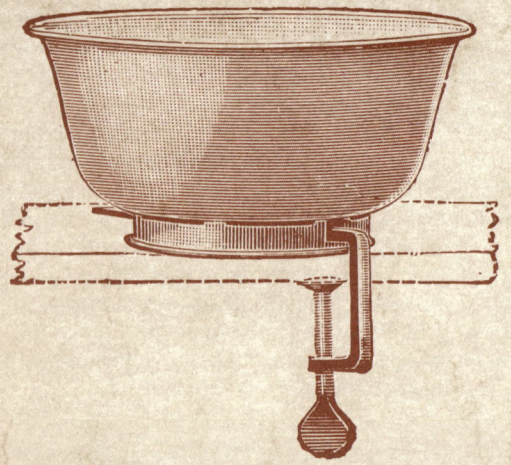

a) Weizenbrote mit und ohne Inhalt

Weißbrot einfach

500 g Weizenmehl, 1 Prise Salz, 300 ccm Milch, 40 g Fett,
1/2–1 Päckchen frische Hefe oder Trockenhefe, 1 Eßlöffel
Zucker

Aus den Zutaten wird ein Hefeteig zubereitet, der gut
durchzukneten ist. In einer Schüssel an einem warmen Ort ca. 25 Minuten gehen lassen, erneut durchkneten. Zu einem Laib formen. Noch einmal gehen
lassen. Im vorgeheizten Ofen bei 200–220 Grad
40 bis 45 Minuten backen.

Gebrühtes Weißbrot

1 kg Weizenmehl, 600 ccm Wasser, 1 Teelöffel Salz,
1 Päckchen frische Hefe oder Trockenhefe, 1 Teelöffel
Zucker

Die halbe Mehlmenge in eine Schüssel geben und mit
kochendem Wasser überbrühen. Zu einem Brei verrühren und abkühlen lassen. Hefe mit Zucker aufrühren (Trockenhefe muß mit etwas lauwarmem
Wasser und Zucker angerührt werden) und zusammen
mit dem restlichen Mehl zum Brühstück geben.
Gut durchkneten, warm stellen und gehen lassen.

Erneut gut durchkneten und zu einem Laib formen.
Oberfläche tief einkerben.
Auf einem mit Fett bestrichenen Backblech oder in
einer Backform noch einmal gehen lassen.
Bei 200–220 Grad 40 bis 50 Minuten backen.

Buttermilchbrot

*450 g Weizenmehl, Salz, 200 ccm Buttermilch,
100 ccm Vollmilch, 50 g Fett, 1 Päckchen frische Hefe
oder Trockenhefe, 1 Eßlöffel Zucker*

Aus den Zutaten wird ein sehr elastischer Teig geknetet. Warm stellen und gehen lassen. Erneut auf Mehl

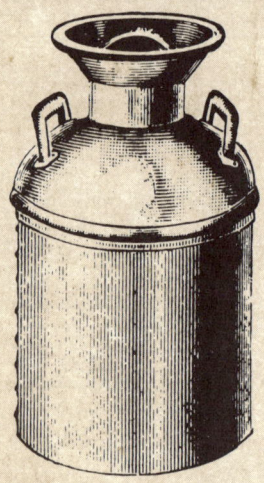

durchkneten. Zu einem Laib formen und noch einmal gehen lassen. Bei 200–220 Grad 40 bis 50 Minuten backen.

Stutenbrot

500 g Weizenmehl, Salz, 200 ccm Milch, 80 g Fett, 1 Päckchen frische Hefe oder Trockenhefe, 80 g Zucker, 2 mittelgroße Eier

Aus den Zutaten knetet man einen sehr geschmeidigen Teig. Warm stellen und gehen lassen. Erneut auf Mehl durchkneten. Vorsichtig zu einem Laib formen und in eine ausgefettete Backform geben. Noch einmal gehen lassen. Bei 200 Grad 40 bis 50 Minuten backen.

Quarkbrot

500 g Weizenmehl, Salz, 1/4 l Milch, 30 g Fett, 1 Päckchen frische Hefe oder Trockenhefe, 1 Teelöffel Zucker, 1 mittelgroßes Ei, 500 g Magerquark

Aus den Zutaten wird ein nicht zu klebriger Teig geschlagen. Warm stellen und gehen lassen. Unter Mehlzugabe erneut vorsichtig durchkneten. Laib formen und in eine ausgefettete Backform geben. Noch einmal gehen lassen. Bei 180–200 Grad 40 bis 50 Minuten backen.

Mandelstuten

*500 g Weizenmehl, Salz, 1/4 l Milch, 80 g ausgelassenes
Fett, 1 Päckchen frische Hefe oder Trockenhefe,
40 g Zucker, 2 mittelgroße Eier, 125 g gehackte Mandeln,
1 Prise Zimt*

Aus den Zutaten schlägt man einen glänzenden,
geschmeidigen Teig. Warm stellen und gehen lassen.
Unter Mehlzugabe erneut vorsichtig durchkneten und
zu einem Laib formen. In eine ausgefettete Backform
geben und noch einmal gehen lassen. Bei 200 Grad
50 bis 60 Minuten backen.

Polnisches Feiertagsbrot

*600 g Weizenmehl, Salz, 100 ccm Wasser, 200 ccm Jog-
hurt, 100 g geschmolzene Butter, 1 Päckchen frische Hefe
oder Trockenhefe, 90 g Zucker, 3 Eigelb, 25 g Rosinen,
1 Eßlöffel geriebene Zitronenschale, 1 Prise Zimt,
25 g gemahlene Nüsse*

Mehl mit Salz, Zimt, Zucker, Rosinen, Zitronenschale
und den Nüssen gut vermischen. Joghurt und Eigelb
vorsichtig verschlagen und unterheben. Hefe mit dem
lauwarmen Wasser aufrühren und dazugeben. Butter
abkühlen lassen und unterrühren. Den Teig gut durchschlagen, warm stellen und gehen lassen. Unter Mehlzugabe erneut durchkneten. Zu einem Laib formen
und in einer ausgefetteten Form noch einmal gehen
lassen. Bei 200–220 Grad 50 bis 60 Minuten backen.

Weizenkeimbrot

*700 g Weizenmehl, 400 g Roggenmehl 997, 800 ccm
Wasser, Salz, 125 g Weizenkeime, 100 g Kartoffelmus,
1 Eßlöffel Öl, 1 Eßlöffel Kümmel, 2 Päckchen frische
Hefe oder Trockenhefe, 1 Eßlöffel Zucker*

Roggenmehl mit dem kochenden Wasser überbrühen,
durchrühren und abkühlen lassen. Sämtliche anderen
Zutaten dazugeben, gut durchkneten. Warm stellen
und gehen lassen. Erneut gut durchkneten, zu einem
Laib formen und noch einmal gehen lassen.
Bei 200–220 Grad 50 bis 60 Minuten auf dem mit
Fett bestrichenen Blech oder in einer ausgefetteten
Backform backen.

Apfelbrot

500 g Weizenmehl, Salz, 1/4 l Milch, 50 g Fett, 1 Päck-chen frische Hefe oder Trockenhefe, 50 g Zucker, 1 mittel-großes Ei, 1 Prise Zimt, abgeriebene Schale von einer Zitrone, 500 g geraspelte, aromatische Äpfel, 1 Eigelb zum Bestreichen

Sämtliche Zutaten werden zu einem etwas klebrigen Teig zusammengeschlagen. Warm stellen und gehen lassen. Erneut unter wenig Mehlzugabe vorsichtig durchkneten. Zu einem Laib formen und in eine aus-gefettete Backform geben. Noch einmal gehen lassen. Mit Eigelb bestreichen. Bei 225 Grad 40 bis 50 Minu-ten backen.

Kürbisbrot

*1 kg Weizenmehl, Salz, 40 g Fett, 2 Päckchen frische Hefe
oder Trockenhefe, 100 g Zucker, 500 g abgekochter oder
eingelegter Kürbis ohne zusätzliche Flüssigkeit, 1 Teelöffel
Essig, Eigelb zum Bestreichen*

Kürbisstücke pürieren, Essig unterrühren. Die restlichen Zutaten dazugeben und zu einem elastischen
Hefeteig verarbeiten. Der Teig darf nicht mehr kleben.
Warm stellen und gehen lassen. Unter Mehlzugabe
erneut durchkneten und in eine ausgefettete Backform
geben. Oberfläche bestreichen. Noch einmal gehen
lassen. Bei 180–200 Grad 60 bis 70 Minuten backen.

Zwiebelbrot

*500 g Weizenmehl, 200 ccm Milch, 40 g Fett, 250 g feinge-
würfelte rohe Zwiebeln, Salz, 1 Teelöffel Curry,
1 Päckchen frische Hefe oder Trockenhefe, Eigelb zum
Bestreichen*

Sämtliche Zutaten werden zu einem elastischen Teig
verarbeitet. Dabei empfiehlt es sich, zunächst Salz und
Curry unter das Mehl zu geben und danach die rohen
Zwiebeln unterzuheben. Der Teig muß warm stehen
und gehen. Erneut gut durchkneten. Unter Mehlzugabe zu einem Laib formen und in eine Backform
geben. Oberfläche mit Eigelb bestreichen. Erneut
gehen lassen. Bei 200–220 Grad 50 bis 60 Minuten
backen.

Schafskäsebrot

*1 kg Weizenmehl, Salz, 1/2 l Molke, 2 Päckchen frische Hefe oder Trockenhefe, 1 Teelöffel Zucker, 250 g Schafs-
käse, 3 mittelgroße Zwiebeln in kleinen Würfeln*

Schafskäse mit 3 Eßlöffeln lauwarmen Wassers grob
glattrühren. Hefe mit Zucker und Molke glattrühren.
Mehl mit Salz und Zwiebelwürfeln vermischen.
Schafskäse und Hefegemisch dazugeben. Alles gut
durcharbeiten und zu einem elastischen Hefeteig verarbeiten. Warm stellen und gehen lassen. Unter Mehlzugabe erneut durchkneten. Zu einem Laib formen
und in eine ausgefettete Backform geben. Oberfläche
mit Öl abstreichen. Erneut gehen lassen.
Bei 200–220 Grad 50 bis 60 Minuten backen.

b) Mischbrote mit Hefe

Einfaches Mischbrot

500 g Weizenmehl, 500 g Roggenmehl 2250, Salz,
3/4 l Wasser, 1 Päckchen frische Hefe oder Trockenhefe,
1 Teelöffel Zucker

Zutaten zu einem nicht zu klebrigen Teig zusammenschlagen. Warm stellen und gehen lassen. Unter Mehlzugabe erneut vorsichtig durchkneten und zu einem
Laib formen. In eine ausgefettete Backform geben.
Noch einmal gehen lassen. Bei 180–200 Grad 60 bis
70 Minuten backen.

Isländisches Brot

300 g Weizenmehl, 250 g Grahamsmehl, 200 g Roggen-
mehl 997, Salz, 1/4 l Wasser, 40 g zerlassenes Fett,
1 Päckchen frische Hefe oder Trockenhefe, 3 gestrichene
Eßlöffel brauner Rohzucker

Zutaten zu einem nicht zu klebrigen Teig zusammenschlagen. Warm stellen und gehen lassen. Unter Mehlzugabe erneut vorsichtig durchkneten. Zu einem Laib
formen, in eine ausgefettete Backform geben und
noch einmal gehen lassen. Bei 200–220 Grad 50 bis
60 Minuten backen.

Ukrainisches Brot

750 g Weizenmehl, 100 g Roggenmehl 997, Salz,
1/2 l Wasser, 50 g Fett, 2 Päckchen frische Hefe oder
Trockenhefe, 1 Teelöffel Zucker

Zutaten zu einem nicht zu klebrigen Teig zusammenschlagen. Warm stellen und gehen lassen. Erneut vorsichtig unter Mehlzugabe durchkneten. Zu einem Laib
formen und in eine ausgefettete Backform geben.
Noch einmal gehen lassen. Bei 200 Grad 50 bis
60 Minuten backen.

Joghurt-Brot

400 g Weizenmehl, 200 g Grahamsmehl, Salz, 2 Eßlöffel
Wasser, 1/2 l Joghurt (mager), 3 Eßlöffel Öl, 1 Päckchen
frische Hefe oder Trockenhefe, 1 Teelöffel Zucker,
1 Prise Anis

Mehl und Gewürze in eine Schüssel geben. Wasser, Öl
und Joghurt gut verrühren und vorsichtig erwärmen.
Hefe darin aufrühren. Unter das Mehlgemisch geben
und gut durchschlagen. Warm stellen und gehen
lassen. Unter Mehlzugabe erneut durchkneten.
Zu einem Laib formen, in eine ausgefettete Backform
geben. Erneut gehen lassen. Bei 200–220 Grad
40 bis 50 Minuten backen.

Schmalzbrot

250 g Weizenmehl, 250 g Roggenmehl 997, Salz,
1/4 l Buttermilch, 100 g Schweineschmalz, 1 Päckchen
frische Hefe oder Trockenhefe, 1 Eßlöffel Zucker,
1 mittelgroßes Ei

Zutaten zu einem glänzenden Teig schlagen. Warm
stellen und gehen lassen. Unter Mehlzugabe erneut
durchkneten. Zu einem Laib formen und in eine
ausgefettete Backform geben. Erneut gehen lassen.
Bei 180–200 Grad 50 bis 60 Minuten backen.

Kümmelbrot

*300 g Weizenmehl, 200 g Roggenmehl 997, Salz, 300 ccm
Wasser, 1 Päckchen frische Hefe oder Trockenhefe,
1 Teelöffel Zucker, 1 gestrichener Teelöffel gemahlener
Kümmel, 1 Ei zum Bestreichen, 1 Eßlöffel Kümmelkörner
zum Bestreuen*

Zutaten zu einem nicht zu klebrigen Teig schlagen.
Warm stellen und gehen lassen. Unter Mehlzugabe
erneut durchkneten. Zu einem Laib formen und in
eine ausgefettete Form geben. Ei verschlagen, Oberfläche damit bestreichen. Mit reichlich Kümmel bestreuen. Erneut gehen lassen. Bei 200–220 Grad
50 bis 60 Minuten backen.

Grahamsbrot

*400 g Weizenmehl, 450 g Grahamsmehl, Salz, 600 ccm
Milch, 3 Eßlöffel Öl, 1 Päckchen frische Hefe oder
Trockenhefe, 1 Teelöffel Zucker*

Zutaten zu einem elastischen Teig verarbeiten. Warm
stellen und gehen lassen. Erneut gut durchkneten. Zu
einem Laib formen und auf ein ausgefettetes Blech
legen. Erneut gehen lassen. Bei 200–220 Grad 50
bis 60 Minuten backen.

Bierbrot

*500 g Weizenmehl, 500 g Roggenmehl 997, Salz, 1/2 l
dunkles Bier, 2 Päckchen frische Hefe oder Trockenhefe,
1 Teelöffel Zucker*

Zutaten zu einem nicht zu klebrigen Teig zusammenschlagen. Warm stellen und gehen lassen. Unter Mehlzugabe erneut durchkneten. Zu einem Laib formen
und in eine ausgefettete Backform geben. Oberfläche
mit Bier bestreichen. Noch einmal gehen lassen.
Bei 180–200 Grad 60 bis 70 Minuten backen.

Haferflockenbrot

*75 g Haferflocken, 1/2 l Wasser, 660 g Roggenmehl 1150,
Salz, 200 ccm Milch, 15 g Fett, 1 Päckchen frische Hefe
oder Trockenhefe, 1 Teelöffel Zucker*

Haferflocken und Wasser zu einer Grütze verkochen. Abkühlen lassen. Zusammen mit den übrigen Zutaten zu einem nicht zu klebrigen Teig schlagen. Warm stellen und gehen lassen. Unter Mehlzugabe erneut kneten. Vorsichtig zu einem Laib formen und in eine ausgefettete Backform geben. Erneut gehen lassen. Bei 200 Grad 40 bis 50 Minuten backen.

Maisbrot

200 g Maismehl, 300 g Weizenmehl, 1/2 l Wasser, Salz, 1 Päckchen frische Hefe oder Trockenhefe, 1 Teelöffel Zucker, 2 Eßlöffel Olivenöl

Maismehl und Salz mit kochendem Wasser überbrühen, quellen und abkühlen lassen. Hefe mit Zucker aufrühren. Zusammen mit Mehl und Öl unter den Maisbrei schlagen. Gut durcharbeiten. Warm stellen und gehen lassen. Unter Mehlzugabe erneut vorsichtig durchkneten und zu einem Laib formen. In eine ausgefettete Backform geben. Erneut gehen lassen. Bei 180–200 Grad 50 bis 60 Minuten backen.

Gesundheitsbrot

400 g Weizenmehl, 450 g Grahamsmehl, 50 g Weizenkeime, 50 g Weizenkleie, Salz, 25 g Fett, 1/2 l Wasser, 2 Päckchen frische Hefe oder Trockenhefe, 1 Teelöffel

*Zucker, 1 Eßlöffel Fenchel, Kümmel zum Bestreuen,
1 Ei zum Bestreichen*

Zutaten zu einem nicht zu klebrigen Teig schlagen.
Warm stellen und gehen lassen. Unter Mehlzugabe
erneut durchkneten und zu einem Laib formen.
Auf ausgefettetem Blech noch einmal gehen lassen.
Mit verschlagenem Ei bestreichen und mit Kümmel
bestreuen. Bei 200–220 Grad 50 bis 60 Minuten
backen.

Kräuterbrot

*375 g Weizenmehl, 125 g Roggenmehl 1800 fein, 1 gestri-
chener Teelöffel Salz, 1/4 l Milch, 60 g Fett, 1 Päckchen
frische Hefe oder Trockenhefe, 1 Eßlöffel Zucker, 1 Handvoll feingewiegte Küchenkräuter (evtl. tiefgekühlt –
z.B. Petersilie, Schnittlauch, Dill, Sauerampfer, Kerbel,
Borretsch, Kresse, Pimpinelle, Knoblauch –), Eigelb zum
Bestreichen*

Mehl in eine Schüssel geben. Salz und die gewiegten
Kräuter unterheben. Hefe mit Zucker und Milch aufrühren. Zusammen mit dem Fett zum Mehlgemisch
geben und gut durchschlagen. Warm stellen und
gehen lassen. Unter Mehlzugabe vorsichtig durchkneten und zu einem Laib formen. In eine ausgefettete Backform geben und erneut gehen lassen.
Mit Eigelb bestreichen. Bei 175–220 Grad 40 bis
50 Minuten backen.

Nußbrot

*250 g Weizenmehl, 500 g Roggenmehl 1150, Salz, 1/4 l
Schlagsahne, 1/4 l Buttermilch, 2 Päckchen frische Hefe
oder Trockenhefe, 1 Eßlöffel Zucker, 2 mittelgroße Eier,
200 g Haselnuß-Kerne, Eigelb zum Bestreichen*

Mehl und Salz mischen. Hefe mit Zucker in einer
Tasse aufrühren (Trockenhefe mit Wasser und Zucker
verrühren, siehe Packungsvorschrift). Sahne, Buttermilch und Eier gut verschlagen. Sämtliche Zutaten
zusammenfügen und gut durchschlagen. Kneten.
Warm stellen und gehen lassen (der Teig ist sehr
schwer und muß lange gehen, am besten über Nacht).
Teig erneut gut durchkneten. Haselnüsse waschen und
in Mehl wälzen. Teig ausrollen, Nüsse darauf verteilen,
Teig zusammenschlagen und gut durchkneten. Laib
formen und auf ein mit Fett bestrichenes Backblech
geben. Mit Eigelb bestreichen. Noch einmal gut gehen
lassen. Bei 200 Grad 60 bis 70 Minuten backen.

Eigene Rezepte & Notizen

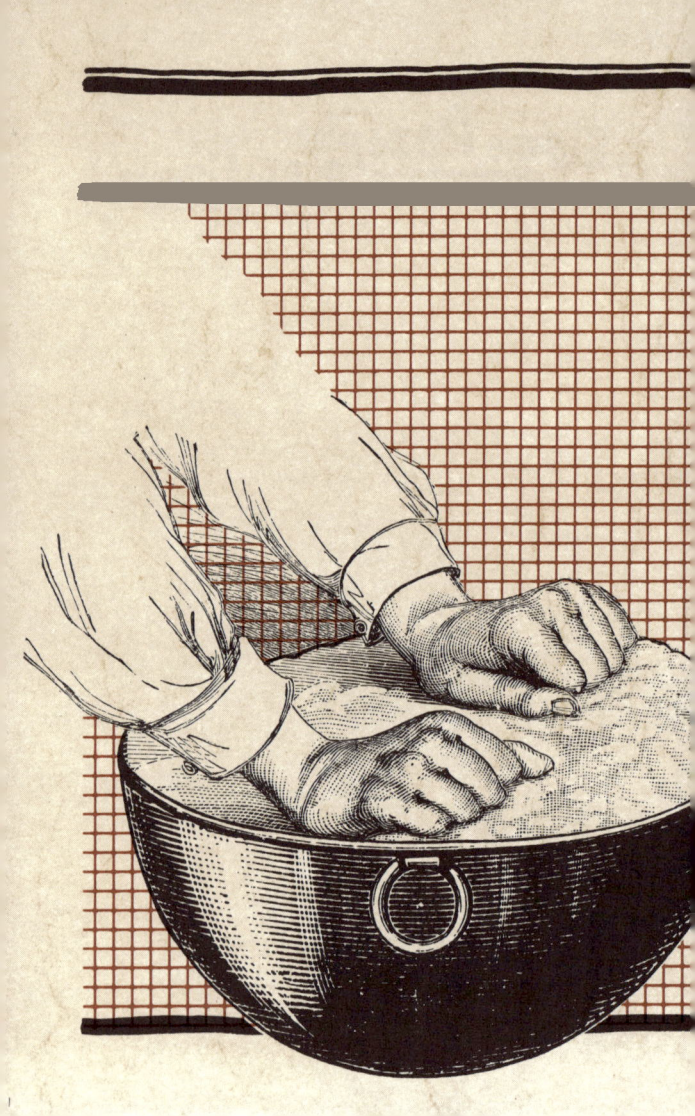

Brote mit Sauerteig

Backen mit Sauerteig

Roggengebäcke – auch Roggenmischbrote, bei denen
der Roggenmehl-Anteil größer ist als der anderer
Mehle – müssen mit Sauerteig gebacken werden.
Nur der Sauerteig macht es möglich, daß sich grobes
Roggenmehl aufschließt und damit der sogenannte
Kleber frei wird. Wollte man Roggenschrot oder gar
ganze Roggenkörner nur mit Hefe verbacken, so hätte
man als Ergebnis ein bröckeliges Backwerk: Von Brot-
Konsistenz keine Spur.
Eine Ausnahme bilden Gebäcke, für die fein ausge-
mahlenes Roggenmehl verwendet wird – Type 997
und Type 1150. Sie sind, vor allem unter Zusatz von
Weizenmehl, mit Hefe zu verbacken.

Natur-Sauerteig (nur solcher ist für die Rezepte dieses
Buches zu verwenden) erhält man beim Bäcker auf
Anfrage (es backen nicht mehr alle Bäcker mit Natur-
Sauerteig). Neuerdings gibt es in Reformhäusern und
in manchen Backabteilungen großer Lebensmittel-
märkte einen fertig abgepackten Natur-Sauerteig.
Er ist besonders empfehlenswert für denjenigen Brot-
bäcker, der nur gelegentlich Sauerteigbrote backt und
nicht ständig Sauerteig vorrätig hat.

Sauerteig läßt sich aber auch selbst herstellen.
Es gibt drei Möglichkeiten:
1.   300 g grobes Roggenmehl mit 25 g frischer Hefe
und 200 ccm Wasser zu einem Brei verrühren.
Mit einem Tuch abdecken und 5 bis 6 Tage bei

22–25 Grad stehen lassen. Mit weiterem Roggenschrot
gut verrühren und erneut warm stellen. Nach 2 weiteren Tagen noch einmal 200 ccm lauwarmes Wasser
dazugeben, den Brei glattrühren und soviel Roggenschrot hinzufügen, daß ein dicklicher Brei entsteht.
Abdecken und erneut an einem warmen Ort gehen
lassen.

2.   Zwei gehäufte Eßlöffel grobes Roggenschrot
werden mit einem gehäuften Teelöffel Kümmel vermischt und mit soviel lauwarmem Wasser verrührt,
daß ein dicklicher Brei entsteht. Abdecken und bei
22–25 Grad 5 bis 6 Tage stehen lassen. Gut durchrühren. Erneut zwei gehäufte Eßlöffel Roggenschrot
und lauwarmes Wasser dazugeben, bis ein dicklicher
Brei entsteht. Weitere 2 bis 3 Tage stehen lassen.
Wichtig: Dieser Sauerteig eignet sich nur für solche
Brotbäcker, die den Geschmack von Kümmel in
ihrem Sauerteigbrot bevorzugen.

3.   200 g grobes Roggenschrot mit 200 ccm Buttermilch und einer Prise Salz verrühren. Abdecken und
bei 22–25 Grad 5 bis 6 Tage stehen lassen. Gut durchrühren. Dieselbe Menge Roggenschrot und Buttermilch noch einmal zugeben, gut verrühren. Wiederum
5 bis 6 Tage stehen lassen.

Selbstgemachter Sauerteig muß vor dem Backen
grundsätzlich aufgefrischt werden. Dazu gibt man zu
dem Sauerteig eine gute Handvoll grobes Roggenschrot und soviel lauwarmes Wasser, daß ein dicklicher Brei entsteht. Diesen Sauerteig-Ansatz stellt
man bei 30–35 Grad eine Nacht hindurch warm
und gibt dann die notwendige Menge davon zum Brot-

teig-Ansatz. Den restlichen Sauerteig vermischt man
mit soviel Roggenschrot, daß der Teig dick, aber nicht
fest wird. Zudecken und stehen lassen bis zum nächsten Backen.

Wer häufig mit Sauerteig arbeitet, kann sich so einen
Dauer-Sauer herstellen, der regelmäßig am Tag vor
dem Brotbacken aufgefrischt und dann bis zur Weiter-
verwendung ruhiggestellt wird. Sauerteig hält sich
nahezu unbegrenzt, wenn man ihn weder zu trocken,
noch zu feucht hält. Wird er längere Zeit nicht
gebraucht, kann er – zu einem dickeren Brei verrührt
– im Kühlschrank stehen oder eingefroren werden.

Wichtig: Teigansätze mit Sauerteig sollten mindestens
eine Nacht bei guter Wärme gehen. Nur so entfaltet
sich der Sauerteig zu voller Kraft und kräftigem
Geschmack.

Grundherstellung:
Beim Backen mit Sauerteig ist es am einfachsten,
wenn man zunächst einmal die notwendige Sauerteig-
Menge mit den im Rezept angegebenen flüssigen
Zutaten gut verschlägt. Hierzu gehört auch die auf-
gerührte Hefe. Dann fügt man die gut vermischten
trockenen Zutaten hinzu und verschlägt alles gründlich.

a) Feine Sauerteigbrote

Roggenmischbrot

*250 g Weizenmehl, 500 g Roggenmehl 1800 grob, Salz,
400 ccm Buttermilch, 1 Päckchen frische Hefe oder
Trockenhefe, 1 Eßlöffel Zucker, 1 Teelöffel Fenchel
(gemahlen), 1 Eßlöffel Kümmel (gemahlen oder ganz),
2 Eßlöffel flüssiger Honig, 250 g Natur-Sauerteig*

Sämtliche Zutaten werden zu einem nicht zu klebrigen Teig verschlagen. Warm stellen und über Nacht
gehen lassen. Unter Mehlzugabe noch einmal durchkneten und zu einem Laib formen. Erneut gehen
lassen. Bei 200–220 Grad 50 bis 60 Minuten backen.

Gedämpftes Brot

*300 g Weizenmehl, 400 g Roggenmehl 1800 grob, 400 g
Roggenmehl 997, Salz, 1/2 l Wasser, 1 Päckchen frische
Hefe oder Trockenhefe, 4 Eßlöffel dunkler Sirup,
250 g Natur-Sauerteig*

Zutaten zu einem geschmeidigen Teig kneten. Warm
stellen und über Nacht gehen lassen. Noch einmal
gründlich durchkneten und zu einem Laib formen.
Alufolie mit Fett bestreichen, Laib darauflegen und an

den Seiten einschlagen. Jetzt füllt man die Fettpfanne
des Backofens mit Wasser und legt den Brotlaib in der
Alufolie hinein. Einschieben und bei 225 Grad
30 Minuten backen. Temperatur herunterschalten auf
200 Grad. Weitere 1 1/2 bis 2 Stunden backen.
Wasser nachgießen, falls zuviel verdampft ist.

Gebrühtes Sauerteigbrot

*100 g Weizenmehl, 800 g Roggenmehl 1800 fein, 600 ccm
Wasser, Salz, 1 Päckchen frische Hefe oder Trockenhefe,
1 Teelöffel Zucker, 250 g Natur-Sauerteig*

400 g Roggenmehl in eine Schüssel geben und mit
dem kochenden Wasser überbrühen. Zu einem Brei

verrühren und abkühlen lassen. Zusammen mit den
übrigen Zutaten zu einem nicht zu klebrigen Teig
kneten. Warm stellen und über Nacht gehen lassen.
Erneut gut durchkneten und zu einem Laib formen.
Noch einmal gehen lassen. Bei 180–200 Grad 60 bis
70 Minuten backen.

Sesambrot

*250 g Weizenmehl, 500 g Roggenmehl 1800 grob, Salz,
1 gehäufter Eßlöffel Sesamwürze, 1/2 l Buttermilch,
140 g Fett, 1 Päckchen frische Hefe oder Trockenhefe,
250 g Natur-Sauerteig, Sesamkörner zum Bestreuen,
Ei zum Bestreichen*

Zutaten zu einem nicht zu klebrigen Teig verschlagen.
Warm stellen und über Nacht gehen lassen. Unter
Mehlzugabe noch einmal gründlich durchkneten.
Zu einem Laib formen. Oberfläche mit verschlagenem
Ei abstreichen und reichlich mit Sesamkörnern
bestreuen. Noch einmal gehen lassen. Bei 200 Grad
40 bis 50 Minuten backen.

Gotlandsbrot

*500 g Weizenmehl, 500 g Roggenmehl 1800 fein, Salz,
1/2 l Wasser, 1 1/2 Eßlöffel Weinessig, 3 Eßlöffel dunkler
Sirup, 1 Päckchen frische Hefe oder Trockenhefe, 250 g*

Natur-Sauerteig, abgeriebene Schale von 2 ungespritzten Apfelsinen, 1/2 Teelöffel Anis (gemahlen)

Sämtliche Zutaten zu einem nicht zu klebrigen Teig verschlagen. Warm stellen und über Nacht gehen lassen. Unter Mehlzugabe erneut gründlich durchkneten. Zu einem Laib formen, Oberfläche mit Sirup abstreichen. Noch einmal gehen lassen.
Bei 200–220 Grad 50 bis 60 Minuten backen.

Speckbrot

300 g feingewürfelter durchwachsener Speck, 4 große Zwiebeln (am besten eignen sich Gemüsezwiebeln), 200 g Weizenmehl, 500 g Weizenschrot 1700,

400 g Roggenmehl 997, 300 g Roggenschrot 1800 grob, Salz, 1/4 l Wasser, 1/4 l Milch, 1 Päckchen frische Hefe oder Trockenhefe, 250 g Natur-Sauerteig, 1 Teelöffel Zucker

Zwiebelwürfel und Speckwürfel gut ausbraten und abkühlen lassen. Aus den übrigen Zutaten einen nicht zu klebrigen Teig rühren. Zwiebel-Speck-Gemisch dazugeben und einkneten. Warm stellen und über Nacht gehen lassen. Erneut gut durchkneten und zu einem Laib formen. Tief einkerben und mit einem Rest Speckfett oder Schmalz abstreichen. Noch einmal gehen lassen. Bei 200–220 Grad 50 bis 60 Minuten backen.

b) Grobe Sauerteigbrote

Bornholmer Brot

225 g Weizenmehl, 125 g Weizenschrot 1700, 125 g Roggenmehl 997, 275 g Roggenschrot 1800 grob, Salz, 1 Päckchen frische Hefe oder Trockenhefe, 1 Teelöffel Zucker, 250 g Natur-Sauerteig, 1/2 l Wasser

Zutaten zu einem nicht zu klebrigen Teig verschlagen. Warm stellen und über Nacht gehen lassen. Unter

Mehlzugabe erneut durchkneten und zu einem Laib
formen. Noch einmal gehen lassen.
Bei 220–230 Grad 50 bis 60 Minuten backen.

Russisches Vollkornbrot

*300 g Weizenmehl, 250 g Roggenmehl 1800 grob, 250 g
Weizenschrot 1700, Salz, 1/2 l Wasser, 1 Eßlöffel Öl,
1 Päckchen frische Hefe oder Trockenhefe, 250 g Natur-
Sauerteig, 1 Teelöffel Zucker*

Zutaten zu einem nicht zu klebrigen Teig verschlagen.
Warm stellen und über Nacht gehen lassen. Unter

Mehlzugabe noch einmal gut durchkneten. Zu einem
Laib formen. Noch einmal gehen lassen.
Bei 200–220 Grad 50 bis 60 Minuten backen.

Kartoffelbrot

*500 g gekochte Kartoffeln, 600 ccm Wasser, 3 Eßlöffel
dunkler Sirup, 250 g Natur-Sauerteig, 1 Päckchen frische
Hefe oder Trockenhefe, 400 g Weizenmehl, 650 g Roggenmehl 997, Salz*

Die gekochten Kartoffeln werden mit dem lauwarmen
Wasser und dem Sirup zu einem glatten Brei verschlagen. Sauerteig, Hefe, Mehl und Salz dazugeben und
gut unterrühren. Den sehr klebrigen Teig warm stellen
und über Nacht gehen lassen. Unter Mehlzugabe
erneut durcharbeiten und vorsichtig zu einem Laib
formen. In einer ausgefetteten Backform noch einmal
gehen lassen. Mit schwarzem Kaffee oder Zuckerwasser abstreichen. Bei 200–220 Grad 60 bis
70 Minuten backen.

5-Korn-Brot

*750 g 5-Korn-Mischung (aus dem Reformhaus, z.B.
Kruska), 1 1/2 l Wasser, 1 gehäufter Teelöffel Salz, 1500 g
Weizenmehl, 200 g Weizenschrot 1700, 200 g Hartweizen-*

grieß, Brotgewürz nach Geschmack (z.B. Fenchel, Anis,
Koriander, Kümmel u.a.), 125 g Schmalz, 6 Eßlöffel
dunkler Sirup, 1 Päckchen frische Hefe oder Trockenhefe,
250 g Natur-Sauerteig, 2 gehäufte Eßlöffel Zucker,
500 g Weizenmehl für den zweiten Tag

5-Korn-Mischung schroten, mit Wasser und Salz zum
Kochen bringen und auskühlen lassen. Mit den restlichen Zutaten vermischen und zu einem nicht zu
festen Brei verschlagen. Warm stellen und über Nacht
gehen lassen. Zusätzlich 500 g Weizenmehl unter-
kneten. Noch einmal warm stellen und gehen lassen,
am besten über Nacht. Gut durcharbeiten und zu
einem Laib formen. Große Backform ausfetten und in
die mit Wasser gefüllte Fettpfanne in den Backofen
stellen. Brotlaib in der Form noch einmal gehen
lassen. Bei 200–220 Grad 90 bis 100 Minuten
backen. Wasser nachgießen, wenn es verdampft ist.
Brotlaib kurz vor dem Herausnehmen mit Wasser
abstreichen.

Roggenschrotbrot

250 g Weizenmehl, 125 g Weizenschrot 1700, 400 g
Roggenschrot 1800 grob, Salz, 1/2 l Malzbier, 1 Päckchen
frische Hefe oder Trockenhefe, 250 g Natur-Sauerteig,
1 Teelöffel Zucker

Zutaten zu einem nicht zu klebrigen Teig verschlagen.
Warm stellen und über Nacht gehen lassen.
Unter Mehlzugabe noch einmal durchkneten.

Zu einem Laib formen und erneut gehen lassen.
Bei 200–220 Grad 50 bis 60 Minuten backen.

Serbisches Sauerteigbrot

*500 g Roggenschrot 1800 grob, Salz, 1/2 l Wasser, 250 g
Natur-Sauerteig, 1 Teelöffel Zucker, 2 Eßlöffel Leinsamen
(geschrotet), 1 Teelöffel Koriander (gemahlen),
150 g Weizenmehl für den 2. Tag*

Zutaten zu einem klebrigen Teig verschlagen. Warm
stellen und über Nacht gehen lassen. Weizenmehl
dazukneten, Teig erneut gehen lassen. Zu einem Laib
formen, noch einmal gehen lassen. Da bei diesem
Rezept keine zusätzliche Hefe verwendet wird, dauert
dieser Vorgang lange. Bei 200–220 Grad 50 bis
60 Minuten backen.

Römertopf-Brot

*250 g Roggenmehl 1150, 250 g Weizenschrot 1700, 250 g
Weizenflocken, Salz, 3/8 l Wasser, 2 Päckchen frische
Hefe oder Trockenhefe, 1 Teelöffel Zucker, 100 g Leinsamen (geschrotet), 100 g Sesamkörner, 500 g Magerquark, 250 g Natur-Sauerteig*

Zutaten zu einem recht klebrigen Teig verschlagen.
Warm stellen und über Nacht gehen lassen. Noch einmal unter Mehlzugabe gründlich durchkneten.
Römertopf mit Wasser vollsaugen lassen. Mit Alufolie
auslegen. Ausfetten. Brotlaib hineinlegen und noch

einmal gehen lassen. Mit gefetteter Alufolie abdecken, Römertopf-Deckel schließen. Bei 200 Grad 90 Minuten backen. Deckel vom Römertopf nehmen, Alufolie vom Brot entfernen. Noch weitere 30 bis 40 Minuten bei 200 Grad backen.

Grobes Landbrot

375 g 5- oder 6-Kornmischung (aus dem Reformhaus), 1 l Malzbier, 250 g Natur-Sauerteig, 500 g Roggenschrot 1800 mittel, 2 Eßlöffel dunkler Sirup, Salz, Brotgewürz nach Geschmack (z.B. Kümmel, Fenchel, Koriander, Muskat, Anis u.a.), 500 g Weizenmehl

Kornmischung schroten. Mit Bier ausquellen lassen, über Nacht warm stellen. Am 2. Tag gibt man Sauerteig, Roggenschrot und Sirup dazu, schlägt alles gut durch und stellt den Ansatz noch einmal über Nacht warm. Am 3. Tag mischt man Weizenmehl und Gewürze und gibt dieses unter den Teigansatz. Gut durcharbeiten. Erneut gehen lassen. Da nur Sauerteig (also keine zusätzliche Hefe) verarbeitet wird, braucht der Teig sehr lange zum Aufgehen. Laib formen, Oberfläche mit Malzbier abstreichen. In eine große, ausgefettete Backform legen und in die mit Wasser gefüllte Fettpfanne des Backofens stellen. Bei 230–250 Grad 30 Minuten lang backen. Dann Temperatur auf 200 Grad herunterschalten. Weitere 90 Minuten backen. Wasser nachfüllen, wenn es verdampft ist.

Eigene Rezepte & Notizen

Brote mit Backpulver

Backen mit Backpulver

Ganz eilige Eigen-Brötler greifen zu Rezepten mit
Backpulver. Denn seit ein legendärer Backmittel-
Hersteller das Pulver auch für die Frau erfunden hat
(womit eben nicht das Schießpulver des Franziskaners
Bertold Schwarz gemeint ist, das für den Mann und
sein Kriegshandwerk erfunden wurde), geht es schnell
und mühelos mit dem Zusammenrühren von Zutaten
und Abbacken herrlicher Backpulver-Gebäcke.
Eines allerdings fehlt Backpulver-Broten: der typische
und köstliche Geschmack von Hefe oder Sauerteig,
der für viele erst Brot zu Brot werden läßt. Backpulver-Brote haben immer etwas Kuchen-ähnliches.
Das Backen mit Backpulver bedarf keiner weiteren
Erklärung. Stets werden stark ausgemahlene Mehle
verwendet – Schrot ist nur schwer zu binden, wenn
es mit Backpulver verbacken wird. Backpulver-Brote
werden immer als Rührteige hergestellt. Sie sind von
der Konsistenz her sehr viel weicher als Hefe- oder
Sauerteig-Gebäcke. Backpulver-Teige müssen stets
in herkömmlichen Kuchen- oder Brötchen-Formen
abgebacken werden. Man sollte sie nach dem Backen
wenigstens kurz stehen lassen, bevor man sie aus der
Form heraushebt.
Viele Backpulver-Brote können dennoch warm ange-
schnitten und gegessen werden. In der Tat Gebäcke
für eilige Eigen-Brötler.
Wichtig: Variationsmöglichkeiten bieten Backpulver-
Brote ganz besonders viele. Grundsätzlich muß nur

die Zusammensetzung der Teigmasse erhalten
bleiben. Die Zugabe anderer Gewürze oder schmack-
hafter Zutaten (z.B. Obst oder Nüsse) ist problemlos
möglich.

Grundherstellung:
Beim Zusammenrühren von Backpulver-Teigen für
Brote gelten dieselben Regeln wie bei Backpulver-
Kuchenteigen. Es empfiehlt sich, das Backpulver mit
dem Mehl und den anderen trockenen Zutaten zu
vermischen, bevor man die restlichen Rezeptmengen
daruntergibt.

Einfaches Backpulverbrot

*500 g Weizenmehl, 1 Prise Salz, 300 ccm Milch, 100 g Fett,
1 Päckchen Backpulver, 1 Ei zum Bestreichen, Mohn zum
Bestreuen*

Die Zutaten werden zu einem schwer fließenden Teig
zusammengerührt. Kastenform ausfetten und zu 2/3
mit dem Teig füllen. Bei 200 Grad 40 bis 50 Minuten
backen. Vorsichtig mit dem verschlagenen Ei bestreichen und mit Mohn bestreuen. Noch weitere
10 Minuten backen.

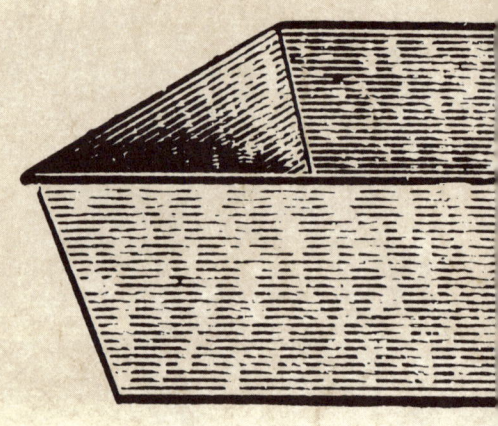

Backpulver-Stuten

250 g Weizenmehl, 1 Prise Salz, 25 g Zucker, 3 mittel-
große Eier, 1 Päckchen Backpulver, 125 g Rosinen,
125 g gehackte Mandeln, 125 g Zitronat, 125 g
Orangeade

Die Zutaten werden zu einem schwer fließenden Teig
zusammengerührt. Kastenform ausfetten und 2/3 mit
Teig füllen. Bei 200–220 Grad 40 bis 50 Minuten
backen.

Schokoladenbrot

500 g Weizenmehl, 1 Prise Salz, Milch, 1 Päckchen Back-pulver, 250 g Zucker, 100 g Kakao

Sämtliche Zutaten zu einem schwer fließenden Teig zusammenrühren. Kastenform ausfetten und zu 2/3 mit Teig füllen. Bei 200 Grad 60 bis 70 Minuten backen. Sehr gut auskühlen lassen und in dünne Scheiben schneiden.

Reismehlbrot

300 g Reismehl oder Reisflocken, 100 g Maismehl, 1/8 l Buttermilch, 1/8 l Wasser, Salz, 2 Teelöffel Kümmel (ganz), 4 Eßlöffel Honig, 1 Päckchen Backpulver

Zutaten zu einem nicht zu klebrigen Teig verrühren. Kastenform ausfetten, Teig hineingeben. Bei 200 Grad 50 bis 60 Minuten backen. (Das Brot ist relativ krüme-lig, es muß vor dem Anschnitt unbedingt gut aus-kühlen!)

Buchweizenbrot

400 g Buchweizenmehl, 1 Prise Salz, 1/4 l Buttermilch, 4 Eßlöffel brauner Rohzucker, 1 Päckchen Backpulver

Zutaten vorsichtig zu einem nicht zu weichen Teig
verrühren. Kastenform ausfetten, Teig einfüllen.
Bei 225 Grad 40 bis 50 Minuten backen.

Bananenbrot

*300 g Weizenmehl, 1 Prise Salz, 140 g Fett, 1 Päckchen
Backpulver, 125 g Zucker, 1 mittelgroßes Ei, 1 Prise
Muskat, 500 g sehr reife Bananen, 1 große, feste Banane*

Die sehr reifen Bananen werden zu Püree geschlagen.
Dann rührt man Butter und Zucker schaumig und gibt
das Ei und das Bananenpüree dazu. Mehl mit Gewür-
zen und Backpulver vermischen und gut unterrühren.
Kastenform ausfetten. Die feste Banane in dünne
Scheiben schneiden, diese in Mehl wälzen und sofort
mit einem Teigschaber unter den fertigen Teig heben.
Kastenform zu 2/3 mit Teig füllen.
Bei 180–200 Grad 60 Minuten backen.

Würziges Backpulverbrot

250 g Weizenmehl, 1 Prise Salz, 1/4 l Milch, 20 g zerlassene Butter, 50 g Zucker, 1 Päckchen Backpulver, 1 Prise Nelkenpulver, 150 g durchwachsener Speck, 150 g Zwiebeln, 1 Prise Curry, fetter Speck zum Belegen

Speck und Zwiebeln in sehr kleine Würfel schneiden. Zusammen mit den übrigen Zutaten zu einem schwer fließenden Teig rühren. Kastenform ausfetten, zu 2/3 mit Teig füllen. Hauchdünne Streifen von fettem Speck dekorativ auf der Oberfläche verteilen. Bei 180 Grad 60 bis 70 Minuten backen.

Eigene Rezepte & Notizen

Brötchen aller Art

Brötchen-Backen, leicht gemacht

Brötchen sind nichts als kleine Brote. Man backt die
Kleinen wie die Großen – mit Hefe, Sauerteig oder
Backpulver – je nach Zusammensetzung der Teige.
Brötchen aus Weizenmehl oder aus Mehlmischungen,
die vorwiegend Weizenmehl enthalten, werden mit
Hefe gebacken. Brötchen aus fein ausgemahlenem
Roggenmehl (Typen 997 und 1150) werden ebenfalls
mit Hefe gebacken. Brötchen aus grobem Roggen-
schrot oder aus Mehlmischungen, die vorwiegend
grobe Schrote enthalten, werden unter Zusatz von
Sauerteig gebacken. „Eilige" Brötchen aus vielerlei
feinem Mehl werden mit Backpulver gebacken.
(Einzelheiten zu den verschiedenen Back-Arten
finden Sie auf den Seiten 14, 36 und 52.)
Die Brötchen, die eigentlich kleine Brote sind, haben
gegenüber den großen Artgenossen mehrere Vorteile:
Sie sind schneller fertig, sie haben mehr Kruste,
sie lassen sich besser füllen.
Im Prinzip kann man jedes Brot-Rezept – egal, mit
welchem Treibmittel es gebacken wird – zu einem
Brötchen-Rezept umwandeln. Im wesentlichen ändert
sich dabei nur der Vorgang des Ausformens. Zuweilen
geschieht er unter Mehlzugabe. Die Backzeiten sind –
der Größe des Backwerkes entsprechend – verringert.
Brötchen können frei auf dem Blech gebacken werden
oder aneinandergelegt in flachen Backformen. Außerdem gibt es, besonders für Backpulver-Brötchen,

spezielle Brötchen-Formen (auch Muffin-Formen genannt). Die von Bäckern angebotenen Brötchen-Räder oder -Sonnen lassen sich leicht aus allen Hefe- und Sauerteig-Rezepten herstellen. Es sieht gut aus (und schmeckt gut), wenn die Brötchen mit Ei abgestrichen und verschiedenartig bestreut werden (z.B. Sesam, Leinsamen, grobes Salz, Mohn, Kümmel).

Einfache Brötchenteige (Hefe- oder Sauerteigrezepte) lassen sich außerdem sehr gut mit den verschiedenartigsten Zutaten füllen (Speck-Zwiebel-Gemisch, Obst, Mandel-Zucker-Gemisch u.a.). Dazu wird der jeweilige Teig ausgerollt und handtellergroß ausgeschnitten. In die Handfläche legen, Füllung hineingeben, Teig um die Füllung herumschlagen und schließen. Mit der runden Seite nach oben auf das Blech legen und abbacken. Auch manche fertiggebackene Brötchen erhalten dadurch den letzten Pfiff, daß man sie an- oder aufschneidet und mit einem Stich Butter oder einer anderen passenden Füllung versieht.

Brötchen sind kleine Brote – mit dem Vorteil, auch einmal eine kleine Mahlzeit zwischendurch oder der Happen nebenbei zu sein.

Weizenknöpfe

500 g Weizenmehl, 1 Prise Salz, 200 ccm Wasser,
1 Päckchen frische Hefe oder Trockenhefe, 1 Teelöffel
Zucker, 1 mittelgroßes Ei, Eigelb zum Bestreichen

Zutaten zu einem geschmeidigen Teig kneten. Warm
stellen und gehen lassen. Erneut gründlich durchkneten. Gleichmäßige Kugeln rollen, die dicht nebeneinander in eine ausgefettete Back- oder Bratform
gesetzt werden. Erneut gehen lassen. Mit Eigelb
bestreichen. Bei 210–220 Grad 15 bis 20 Minuten
backen.

Quarkbrötchen

500 g Weizenmehl, 1 Prise Salz, 200 ccm Milch, 40 g Fett,
1 Päckchen frische Hefe oder Trockenhefe, 1 Teelöffel
Zucker, 250 g Magerquark, Milch zum Bestreichen

Sämtliche Zutaten zu einem geschmeidigen Teig
kneten. Warm stellen und gehen lassen. Erneut unter
Mehlzugabe durchkneten. Zu Brötchen rollen und auf
einem mit Fett bestrichenen Backblech oder in ausgefetteten Brötchenformen noch einmal gehen lassen.
Mit Milch bestreichen. Bei 200–220 Grad 15 bis
20 Minuten backen.

Gewürzbrötchen

500 g Weizenmehl, 1 Prise Salz, 200 ccm Milch, 60 g Fett,
1 Päckchen frische Hefe oder Trockenhefe, 60 g Zucker,
1 mittelgroßes Ei, 1 Prise Zimt, 1 Prise Kardamom, 1 Prise
Muskat, 1 Prise Kümmel, 1 Prise Anis, 1 kleines Ei zum
Bestreichen, 1 Eßlöffel Kümmel (ganz) zum Bestreuen

Zutaten zu einem elastischen Teig verkneten. Warm
stellen und gehen lassen. Erneut gut durchkneten und
Brötchen formen. Oberfläche mit verschlagenem Ei
bestreichen und mit Kümmel bestreuen.
Bei 180–200 Grad 15 bis 20 Minuten backen.

Schusterjungen

200 g Weizenmehl, 400 g Roggenmehl 1150, 1 Prise Salz, 1 Päckchen frische Hefe oder Trockenhefe, 3/8 l Wasser, 1 Teelöffel Zucker, 1 kleines Ei zum Bestreichen, grobes Salz zum Bestreuen

Zutaten zu einem nicht zu klebrigen Teig verschlagen. Warm stellen und gehen lassen. Unter Mehlzugabe erneut durchkneten. Bällchen formen und platt drücken. Der Länge nach einkerben. Mit verschlagenem Ei abstreichen, mit grobem Salz bestreuen. Auf einem mit Fett bestrichenen Backblech noch einmal gehen lassen. Bei 200–220 Grad 20 bis 25 Minuten backen.

Grahamsbrötchen

*500 g Weizenschrot 1700 (Grahamsmehl), 1 Prise Salz,
200 ccm Wasser, 4 Eßlöffel Öl, 1 Päckchen frische Hefe
oder Trockenhefe, 1 Teelöffel Zucker, schwarzer Kaffee
zum Abstreichen*

Zutaten zu einem nicht zu klebrigen Teig verschlagen.
Warm stellen und gehen lassen. Unter Mehlzugabe
noch einmal durchkneten. Zu Brötchen formen.
Auf einem mit Fett bestrichenen Blech oder in der
ausgefetteten Brötchenform noch einmal gehen
lassen. Mit schwarzem Kaffee abstreichen.
Bei 225 Grad 15 bis 20 Minuten backen.

Kümmelhörnchen

*500 g Weizenmehl, 1 Prise Salz, 1/4 l Buttermilch,
20 g Fett, 1 Päckchen frische Hefe oder Trockenhefe,
1 Teelöffel Zucker, 1 kleines Ei zum Bestreichen, Kümmel
zum Bestreuen*

Zutaten zu einem geschmeidigen Teig kneten. Warm
stellen und gehen lassen. Erneut durchkneten, ausrollen und zu handtellergroßen Quadraten aus-
schneiden. Ein paar Kümmelkörner auf die Innen-
fläche streuen, dann zu Hörnchen aufrollen. Mit dem
verschlagenen Ei abstreichen, mit reichlich Kümmel
bestreuen. Bei 180–200 Grad 15 bis 20 Minuten
backen.

Speckbrötchen

250 g Weizenmehl, 1 Prise Salz, 1/8 l Mineralwasser,
70 g Fett, 1/2 Päckchen frische Hefe, 1 Teelöffel Zucker
Für die Füllung: 250 g durchwachsener Speck, 250 g
würzige Zwiebeln, Curry

Zutaten zu einem geschmeidigen Teig kneten. Warm
stellen und gehen lassen. Speck und Zwiebeln würfeln
und in einer Pfanne goldgelb braten. Teig erneut gut
kneten. Ausrollen – je nach Geschmack 2 bis 5 cm
dick. Handtellergroße Kreise ausstechen. Füllung in
die Mitte geben, etwas Curry darüberstreuen, Teig-
ränder zusammendrücken. Mit der geschlossenen
Seite nach oben auf ein ausgefettetes Backblech legen.
Mit restlichem Bratfett bestreichen. Bei 200–220 Grad
15 bis 20 Minuten backen.

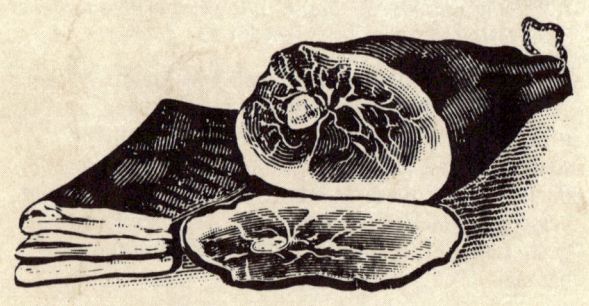

Croissants

1 Paket tiefgekühlter Blätterteig, Mehl, weiche Butter,
Sahne zum Bestreichen

Blätterteig aus dem Paket nehmen, Schichten trennen
und auftauen lassen. Sämtliche Schichten wieder über-
einanderlegen. Teig sehr gut ausrollen. Hauchdünn
mit Butter abstreichen. Seiten einschlagen. Teig erneut
so dünn wie möglich ausrollen. Wiederum mit
weicher Butter abstreichen. Teig in andere Richtung
legen und wieder die Ränder einschlagen. Dieser Vorgang (man nennt das Touren oder Tourieren) wird ein
dutzend Male wiederholt. Stets von den Rändern her
einschlagen, ausrollen, mit Butter bestreichen, Teig
drehen, Ränder überschlagen usw. Einen Tag ruhen
lassen. Denselben Vorgang erneut mindestens 10 Male
wiederholen. Teig dünn ausrollen, in handtellergroße
Quadrate schneiden und zu Hörnchen aufrollen. Mit
Sahne abstreichen. Auf ein mit kaltem Wasser aus-
gestrichenes Blech legen. Bei 220–240 Grad 10 bis
15 Minuten backen.

Laugenbrötchen

500 g Weizenmehl, 1 gute Prise Salz, 250 ccm Milch, 30 g
Fett, 1 Päckchen frische Hefe oder Trockenhefe, 1 Teelöffel
Zucker, eine Handvoll grobes Salz,
Für die Lauge: 125 g Soda (Natrium-Karbonat) aus der
Apotheke

Zutaten zu einem geschmeidigen Teig kneten. Warm stellen und gehen lassen. Das grobe Salz entweder in den Teig geben oder zum Streuen nehmen. Teig noch einmal gut durchkneten und dann zu gleichgroßen Brötchen rollen. Auf bemehltem Brett gehen lassen. Wasser in einem Stahltopf zum Kochen bringen. Auf 1 Liter Wasser 1 gehäuften Eßlöffel Soda geben, einmal umrühren. Brötchen auf eine Schöpfkelle legen und in das sprudelnde Soda-Wasser tauchen. Einmal gut kochen lassen. Herausnehmen, abtropfen lassen und auf ein mit Fett bestrichenes Backblech legen. Weiter so verfahren, bis das Backblech voll ist. Dabei dürfen die Brötchen sehr eng nebeneinander plaziert werden. Bei 200–220 Grad 20 bis 35 Minuten backen. Die Backdauer richtet sich nicht nur nach der Größe der Brötchen, sondern auch nach dem eigenen Geschmack. Je länger die Brötchen backen, desto härter werden sie. Nach dem Backen sofort vom Backblech nehmen.

Dunkle Roggenbrötchen

325 g Weizenmehl, 325 g Roggenmehl 1800 grob, 1 Prise Salz, 400 ccm Wasser, 1 Päckchen frische Hefe oder Trockenhefe, 250 g Natur-Sauerteig, 3 Eßlöffel dunkler Sirup

Zutaten zu einem nicht zu klebrigen Teig verschlagen. Warm stellen und über Nacht gehen lassen. Unter Mehlzugabe noch einmal durchkneten. Zu Brötchen

formen. Auf einem mit Fett bestrichenen Backblech
oder in ausgefetteten Brötchenformen erneut gehen
lassen. Mit Sirup abstreichen. Bei 180–200 Grad
15 bis 20 Minuten backen.

Sesambrötchen

*125 g Weizenmehl, 250 g Roggenmehl 1800 grob, Salz,
1 Eßlöffel Sesamwürze, 1/8 l Buttermilch, 70 g Schmalz,
1 Päckchen frische Hefe oder Trockenhefe, 1 Teelöffel
Zucker, 250 g Natur-Sauerteig, geröstete Sesamkörner
zum Bestreuen, 1 Ei zum Bestreichen*

Zutaten zu einem nicht zu klebrigen Teig verschlagen.
Warm stellen und über Nacht gehen lassen.
Unter Mehlzugabe erneut durchkneten. Zu Brötchen
formen. Oberfläche mit dem verquirlten Ei bestreichen und reichlich mit gerösteten Sesamkörnern
bestreuen. Noch einmal gehen lassen. Bei 200 Grad
20 bis 30 Minuten backen.

Backpulverbrötchen

*300 g Weizenmehl, 1 Prise Salz, 1/8 l Milch, 50 g Fett,
1/2 Päckchen Backpulver, 1 Teelöffel Zucker, Butter zum
Bestreichen*

Zutaten zu einem recht festen Teig zusammenrühren.
In ausgefettete Brötchenformen füllen. Bei 200 Grad

20 Minuten backen. Mit ausgelassener Butter abstreichen.

Buttermilchbrötchen

250 g Weizenmehl, 1 Prise Salz, 1/8 l Buttermilch,
2 Eßlöffel Öl, 2 gestrichene Teelöffel Backpulver

Zutaten zu einem festen Teig zusammenkneten.
2 cm dick ausrollen, Kreise ausstechen. Auf einem
mit Fett bestrichenen Backblech bei 200 Grad 15 bis
20 Minuten backen.

Hedwige

500 g Weizenmehl, 1 Prise Salz, 1 Prise Zimt, 1 Prise Kardamom, 1/8 l Milch, 100 g Fett, 1 Päckchen Backpulver, 80 g Zucker, 2 Eier, 125 g Rosinen, 100 g Zitronat, abgeriebene Schale von einer Zitrone, 1 Ei zum Bestreichen, Zucker zum Bestreuen

Zutaten zu einem schwer reißenden Teig verschlagen. 30 Minuten sehr kühl stellen. Mit bemehlten Händen vorsichtig Kugeln formen. Flach drücken und auf ein mit Fett bestrichenes Backblech legen. Mit dem verquirlten Ei abstreichen, mit wenig Zucker bestreuen. Bei 200–220 Grad 15 bis 20 Minuten backen. Deckel abschneiden, ein Stück Butter hineingeben. Deckel wieder schließen. Warm essen.

Weizenschrotbrötchen

*300 g Weizenmehl 1700, 1 Prise Salz, 1/8 l Mineral-
wasser, 1 Päckchen Backpulver, 20 g Fett, 1 Ei, 2 Eßlöffel
brauner Rohzucker*

Zutaten zu einem nicht zu weichen Teig rühren.
30 Minuten sehr kühl stellen. Mit bemehlten Händen
vorsichtig Kugeln rollen. In ausgefettete Brötchen-
formen geben. Bei 200–220 Grad 15 bis 20 Minuten
backen.

Eigene Rezepte & Notizen

Allerlei Köstlichkeiten
aus Brotteig

Brotteig ist nicht nur gut, um Brote daraus zu backen.
Er eignet sich vorzüglich als Grundlage für eine ganze
Reihe von Köstlichkeiten.
Genaugenommen ist der einfache Weißbrotteig
(Seite 17) ein Teig, aus dem man mühelos eine ganze
Reihe von **Hefekuchen** backen kann.
Hier ein paar Beispiele:

Der Hefeteig wird genauso zubereitet, wie auf Seite 16
beschrieben. Dann rollt man ihn in einer ausgefetteten
Springform oder auf einem mit Fett bestrichenen
Backblech in der gewünschten Dicke aus.
Für einen **Butterkuchen** sticht man regelmäßig Löcher
in den Teig, füllt Butterstücke oder ausgelassene
Butter hinein und streut reichlich Zucker über den
ganzen Teig. Für einen **Streuselkuchen** vermischt man
ausgelassene Butter mit Zucker und Mehl (zu gleichen
Teilen), rollt in der Handfläche daraus Streusel und
krümelt sie auf den Teig. Für einen **Mandelkuchen**
bräunt man gestiftelte oder blättrig gehobelte Mandeln
mit Butter und Zucker in der Pfanne, läßt sie ein
wenig abkühlen und gibt sie auf die Teigoberfläche.
Das Backen gelingt besser, wenn der Teig in regel-
mäßigen Abständen tief eingekerbt wird. Für einen
Zwetschgen- oder **Pflaumenkuchen** belegt man den
Hefeteig mit den entsteinten Früchten und streut nach
2/3 der Backzeit reichlich Zucker darüber.
Für einen **Apfelkuchen** belegt man den Teig mit Apfel-
spalten oder mit halbierten, geschälten und entkernten
Äpfeln, die auf die Schnittseite gelegt und in den Teig
gedrückt werden. Es schmeckt gut, wenn Apfelkuchen

nach 2/3 der Backzeit mit ausgelassener Butter abge-
pinselt oder übergossen und gezuckert werden.
Die Backzeit solcher Hefekuchen dauert – je nach
Größe der Form und Dicke des Teiges – 20 bis 45
Minuten.

Einfacher Weißbrotteig (Seite 17) eignet sich außer-
dem hervorragend als Grundlage für eine **Pizza.** Der
Teig wird zubereitet, wie auf Seite 16 beschrieben.
Dann rollt man ihn auf einem mit Fett bestrichenen
Pizzablech oder Backblech aus und bedeckt ihn nach
Belieben mit Tomaten, Schinken, Käse, Wurst, Pilzen,
Eiern, Artischocken, Oliven, Sardellen, Muscheln und
vielem anderen. Nicht vergessen werden darf Oregano
als Gewürz. Die Backzeit richtet sich nach Größe des
Bleches und Dicke von Teig und Belag. Sie liegt
zwischen 12 und 30 Minuten.

Einfacher Weißbrotteig (Seite 17) bildet auch die
Grundlage für einen herzhaften **Zwiebelkuchen.**
Der Teig wird zubereitet, wie auf Seite 16 beschrieben. Man schneidet für ein großes Backblech 2–3 kg
aromatische Zwiebeln in Ringe und brät sie goldgelb
mit 125 g feingewürfeltem Rauchspeck und einem
Stich Butter. Abkühlen lassen. Mit Salz und einer
Prise Paprika und Kümmel (gemahlen) würzen.
3 Eigelb mit 1 Becher saure Sahne gut verschlagen und
unter das abgekühlte Zwiebelgemisch heben. Auf dem
ausgerollten Hefeteig gut verteilen (überflüssigen
Zwiebelsaft abschöpfen, das Gemisch soll feucht, aber
nicht naß sein). Ein Backblech Zwiebelkuchen
braucht 45 bis 55 Minuten Backzeit bei 200–220 Grad.

Auch das leckere **„Hamburger Brot"** wird aus Weißbrotteig (Seite 17) gebacken, zuzubereiten wie auf
Seite 16 beschrieben. Dann rollt man ihn in Springformen oder auf einem Backblech aus und verteilt
darauf reichlich gut vorbereitetes, gemischtes Hack
(Vorbereitung wie für Hackbraten, aber ohne Semmelmehl). Das Hackfleisch wird auf dem Brotteig gebacken bei mittlerer Hitze, bis es gar ist. Wer mag,
kann kurz vor Ende der Backzeit noch Käsescheiben
oder Käseraffel auf dem Hackfleisch verteilen und
kurz überbacken lassen. Das in Stücke geschnittene
„Hamburger Brot" kann man noch mit einem Spiegelei garnieren und Rote Bete dazu essen.

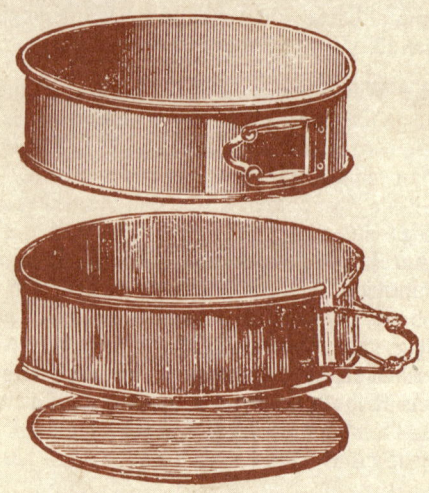

Einfacher Weißbrotteig (Seite 17) ist die Grundlage
für ein **„Russisches Kohlbrot"**.

Der Teig wird zubereitet wie auf Seite 16 beschrieben. Dann rollt man die Hälfte auf einem mit Fett
bestrichenen Backblech aus und gibt die Kohlfüllung
darauf. Dazu wird Sauerkraut gut gemischt mit reichlich Rauchspeckwürfeln und Pilzen. Es schmeckt auch
gut, wenn man das Sauerkraut vorbereitend anschmort
mit reichlich Rauchspeck und die Pilze mit hineingibt.
Auf die glattgestrichene Füllung (Menge ganz nach
Geschmack) legt man die ausgerollte zweite Hälfte des
Teiges. An den Rändern gut andrücken. Mit der Gabel
reichlich Löcher einstechen. Je nach Dicke und
Beschaffenheit der Füllung (rohes Sauerkraut braucht
länger als vorgeschmortes) braucht das Kohlbrot 40
bis 60 Minuten bei mittlerer Hitze. Man ißt es mit
einer pikanten, heißen Sauce (Bratensauce, Tomaten-
sauce, Zwiebelsauce, Käsesauce u.a.).

Wichtig:
Alle Rezepte, bei denen der einfache Weißbrotteig in
Verbindung mit herzhaften Füllungen zu einem neuen
Gericht verarbeitet wird, lassen sich dadurch ab-
wandeln, daß man statt des Weizenmehlteiges den
Teig des einfachen Mischbrotes (Seite 25) oder den
Teig des Roggenmischbrotes (Seite 39) verwendet.
Die entsprechenden Rezepte erhalten dadurch einen
kräftigeren Geschmack.

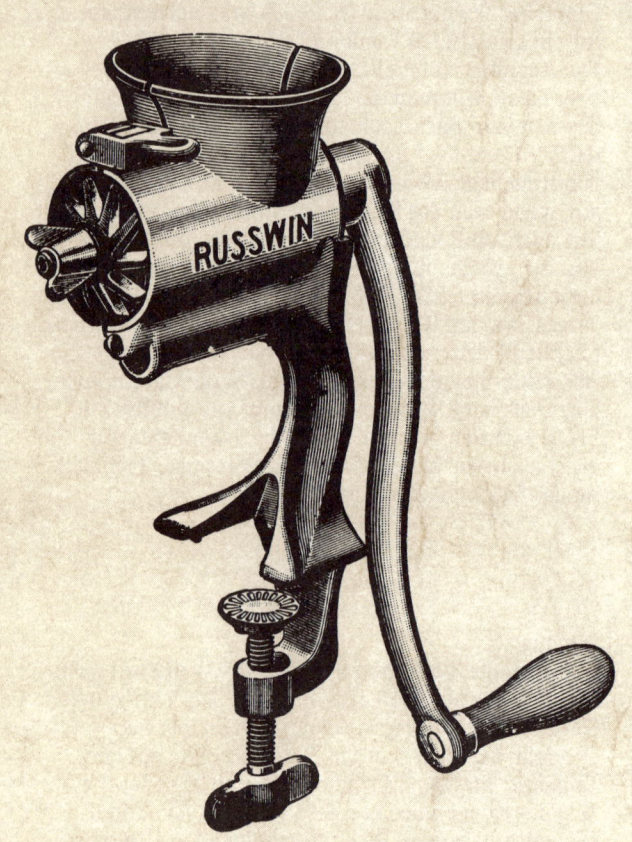

Etwas ganz Besonderes aus Brotteig sind **Piroggen-brote,** also kleine oder große Teigtaschen, in die
Fleisch oder andere Zutaten eingewickelt werden.
Auch dafür kann man entweder den einfachen Weiß-
brotteig (Seite 17), den einfachen Mischbrotteig
(Seite 25) oder den Roggenmischbrotteig (Seite 39)
nehmen.
Der jeweilige Teig wird zubereitet, wie es im Rezept
auf den entsprechenden Seiten vorgesehen ist.
Dann rollt man den Teig 1 bis 3 cm dick aus und
schneidet ihn entweder in kleinere Rechtecke oder
Dreiecke (wenn man kleine Piroggen-Brote zubereiten
will), oder in ein großes, gleichmäßiges Recht- oder
Dreieck.
Die jeweilige Füllung wird entweder auf der ganzen
Fläche verteilt und dann mit dem Teig zusammen auf-
gerollt. Oder man gibt sie nur in die jeweilige Mitte
und schlägt den Teig drumherum. Auf jeden Fall
müssen die Kanten gut verschlossen sein. Das gelingt
allein durch gründliches Andrücken.

Als Füllung eignen sich:
Gemischter Hackfleischteig (vorbereitet wie für einen
Hackfleischbraten, jedoch ohne Semmelmehl);
Koch- oder Räucherschinken, im Stück oder ge-
würfelt, mit oder ohne Zwiebeln und/oder Käse;
ein Zwiebelgemisch wie für den Zwiebelkuchen (siehe
Seite 79), eventuell noch mit Käse belegt;
ein Sauerkraut-Speck-Pilze-Gemisch wie für das Kohlbrot (siehe Seite 81).
Die gut verschlossenen Teigtaschen oder die aufgeroll-
ten Teigdreiecke mit der Füllung werden mit verschla-

genem Ei abgestrichen, noch kurz zum Aufgehen beiseite gestellt und dann bei mittlerer Hitze – je nach
Größe – 15 bis 45 Minuten gebacken. Ein großes
Piroggenbrot aus 1 kg Teig mit einer Füllung aus
500 g–700 g Hackfleisch braucht bis zu 90 Minuten.

Nichts Alltägliches (und nichts für Brotback-
Anfänger) ist das *Einbacken von Fleisch.* Gemeinhin
ist **Prager Schinken** bekannt. Man kann aber jedes
schiere Fleisch einbacken. Ist der Fleischgeschmack
sehr zart (Putenburst, Schweineschnitzel), dann
empfiehlt es sich, dafür einfachen Weißbrotteig
(Seite 17) zu nehmen. Ist das Fleisch kräftig im
Geschmack (Kaßler, Schinken, Rind, Wild), dann
schmeckt ein Teig besonders gut, der mit Sauerteig
angesetzt und mit möglichst grobem Schrot zubereitet worden ist. Ganz nach Geschmack wird das
Fleisch vor dem Einbacken vorbereitet, eventuell
sogar rundherum angebraten. Ganz nach Geschmack
kann das Fleisch auch mit einer Farce oder einem
Zwiebel/Käse-Gemisch belegt werden. Wichtig: Beim
Einbacken von Fleisch muß der Teig gut geschlossen
werden. In die Oberfläche setzt man aus Alufolie
gerollte „Ofenrohre", damit der Dampf entweichen
kann. Die Backzeit richtet sich nach der Größe des
Backgutes.

Eigene Rezepte & Notizen

Allerlei Wissenswertes
für den Eigenbrötler

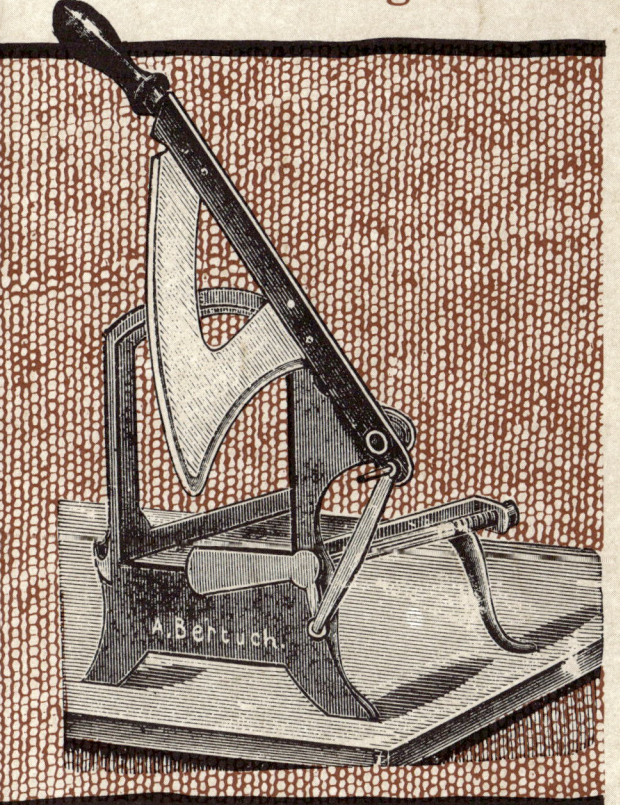

A. Bertuch.

Mehlsorten

Weizenmehl – Type 405
(gibt es überall zu kaufen)
Type 550
(abgepackt in Supermärkten, in Reformhäusern, lose
beim Bäcker, in der Mühle)

· Weizenvollkornschrot – Type 1700
– auch Grahamsmehl genannt –
(abgepackt in Supermärkten, Reformhäusern, lose
beim Bäcker, in der Mühle)

Weizenkörner (Speiseweizen)
(Reformhäuser, Bäcker, Mühle)

Roggenmehl – Type 997
(Supermärkte, Reformhäuser, Bäcker, Mühle)

Type 1150
(Supermärkte, Reformhäuser, Bäcker, Mühle)

Roggenbackschrot 1800 – fein, mittel, grob ausge-
mahlen
(Supermärkte, Reformhäuser, Bäcker, Mühle)

Roggenkörner (Speiseroggen)
(Reformhäuser, Bäcker, Mühle)

gequctschter Roggen – (Mühle)

gebrochener Roggen – (Mühle)

Das sind die gebräuchlichsten Mehlsorten, die es
abgepackt oder lose zu kaufen gibt. Beim Bäcker
erfährt man, wo die nächstgelegene Mühle ist, die
Mehl auch in kleinen Mengen verkauft. Mehl direkt
ab Mühle ist wesentlich günstiger als im abgepackten
kleinen Paket.
Vorwiegend in Reformhäusern gibt es außerdem
einige andere Mehlsorten und Körnermischungen,
Getreideflocken und Grützesorten, die sich ebenfalls
fürs Brotbacken eignen.

Dazu gehören u.a.:
Maismehl, Gerstenmehl, Buchweizenmehl, Sojamehl,
Weizenkeime, Weizenkleie,
5-Korn-Mischung, 6-Korn-Mischung
Haferflocken, Gerstenflocken, Weizenflocken,
3-Korn-Flocken, Weizengrütze, Roggengrütze,
Gerstengrütze, 3-Korn-Grütze, Gerstenkörner, Hafer-
körner.

Gewürze in Kürze

Gewürze sind das i-Tüpfelchen in jedem Brot.
Der beste Teig schmeckt „leer", wenn das Salz fehlt.
Manchmal genügt eine Prise, manchmal darf es ein
gehäufter Teelöffel sein. Das muß jeder nach eigenem
Geschmack ausprobieren. Die Erfahrung lehrt:
Bei einfachsten Hefeteig-Broten kann es schon einmal
passieren, daß zuviel Salz durchschmeckt.
Bei schweren Sauerteigbroten hingegen braucht man
oft mehr Salz, als man meint. Wer Spaß am Probieren
hat, sollte bei kräftig schmeckenden Broten auch einmal Gewürzsalze ausprobieren, die es fertig zu kaufen
gibt (Hickory-, Zwiebel-, Knoblauch-Salz u.a.).
Die klassischen Brotgewürze seit altersher sind Anis,
Fenchel, Kümmel und Kardamom. Es ist am besten,
wenn sich erfahrene Eigen-Brötler ihr Brotgewürz
selbst mischen. (Ich habe ein hauseigenes 9-er-
Gewürz, zu dem auch so Ausgefallenes wie Ingwer
gehört!)

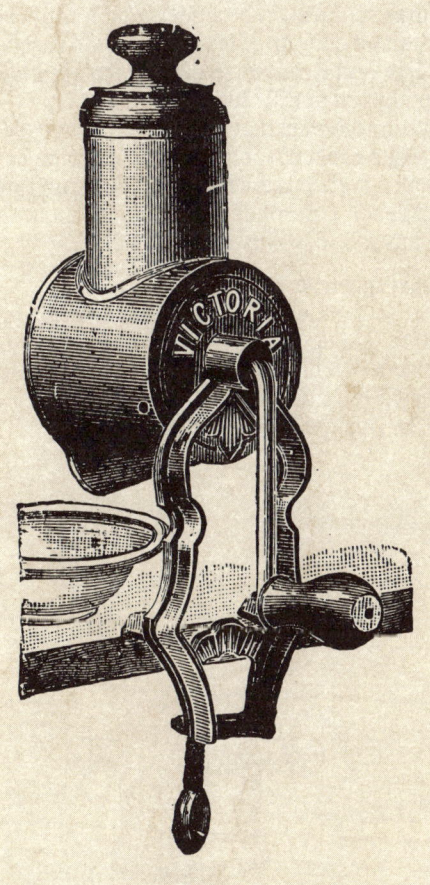

Gewürze schmecken besonders gut, wenn man sie
selbst mahlt oder im Mörser zerstößt. Ausgefallene
Gewürze und Kräuter bekommt man besonders frisch
in Apotheken und Kräuterläden.
Es ist sehr schmackhaft, manche Gewürze nicht nur in
den Teig zu geben, sondern die Oberfläche damit zu
bestreuen (verschlagenes Ei als Untergrund sorgt für
den „Kleber"). Besonders gut schmecken Sesam,
Leinsamen und Mohn auf dem Brot

Ein paar spezielle Tips:
Zucker muß in jeden Teig gegeben werden, er ist für
die Hefe und den Sauerteig notwendig und rundet
außerdem den Geschmack ab. Besonders kräftig
schmeckt Rohzucker. Man kann ihn ersetzen durch
dunklen Zuckerrübensaft (Sirup).

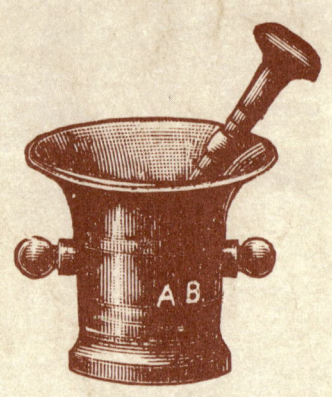

Safran macht nicht nur den Kuchen „gel", wie es in
dem schönen, alten Kinderlied heißt. Safran – wenn es
der echte ist – gibt auch einen unvergeßlichen
Geschmack. Safran ist sehr teuer und kostbar und
wird daher nur als winzige Prise verwendet (in wenig
Rum oder Wasser auflösen, bevor er verwendet wird).
Preiswerter ist der sogenannte Färbe-Safran. Er gibt
dem Teig eine angenehme Farbe, sollte aber auch
sparsam verwendet werden.
Curry gehört bei Kennern ins Zwiebelbrot, vor allem,
wenn das Brot mit frischen Zwiebeln gebacken wird.
Das Gewürz färbt nicht nur den Teig ansehnlich,
es nimmt den Zwiebeln auch die Schärfe.
Rosenwasser (frisch aus der Apotheke) macht Stuten
festlich. Es genügen wenige Tropfen.

Das Formen – die Formen – die Oberfläche

Brotteig läßt sich ganz beliebig formen. Ein Brot, das
frei auf dem Blech gebacken wird, nennt man frei-
geschoben. Man kann aber für das Brotbacken jede
beliebige Kuchen- und Auflaufform verwenden. Auch
Bratenformen. Aus elastischem Teig lassen sich auch

Muster legen oder Stränge schlingen. Besonders in der
Osterzeit oder für Fest- oder Feiertage lassen sich
schöne Kränze oder Zöpfe flechten oder ganze Worte
legen.

Grobe Roggenbrote werden besonders knusprig, wenn
man sie im Römertopf backt. Dieser wird vorher lange
gewässert, dann mit Alufolie ausgelegt und ausge-
fettet.

Wer einmal ausgefallene Brotformen sucht: neue
Blumentöpfe eignen sich in jeder Größe zum Brot-
und Brötchenbacken. Man wässert die Töpfe gut, legt
sie mit Alufolie sehr glatt aus, fettet diese und gibt den
Teig hinein. Nach dem Backen entfernt man die Alufolie und serviert, wenn es zur Atmosphäre paßt,
das Brot im Blumentopf.

Die Oberfläche von Brot und Brötchen sollte immer
eingeschnitten oder eingeritzt werden. Man nimmt
dazu Messer oder Scheren. Muster der Schnitte und
Kerben sind reine Phantasiesache. Flachere Brötchen
und Brote kann man auch gut mit einer Gabel einstechen.

Es sieht gut aus, wenn Brote abgestrichen werden.
Vor dem Backen kann man die Oberfläche mit Milch,
schwarzem Kaffee, Zuckerwasser oder verschlagenem
Ei abstreichen. Will man eine besonders glänzende,
glatte Oberfläche, dann streicht man häufig Wasser
über und wiederholt diesen Vorgang direkt nach dem
Herausholen des Brotlaibes.

Garprobe und Auskühlen

Beim Brotbacken gibt es – soweit es Hefe- und Sauerteigbrote betrifft – nur eine Art der Garprobe. Man
klopft mit der Hand das Brot ab. Am besten mit dem
Fingerknöchel. Wenn das Brot rundherum hohl klingt,
auch von der Unterseite, die man mit der flachen
Hand abklopfen kann, dann ist das Brot gar. Es wird
aus dem Ofen und/oder aus der Form gehoben und
zum Auskühlen auf ein Drahtgitter gelegt. Ein darüber ausgebreitetes, sauberes Handtuch verhindert,
daß die Wärme zu schnell entzogen wird.
Man kann frisch gebackenes Brot brechen oder vorsichtig schneiden und warm essen. Die Konsistenz ist
allerdings nicht immer befriedigend. Magenempfind-
liche Esser sollten vorsichtig sein.

Aufbewahren und Einfrieren

Hausgebackenes Brot sollte etwas vorsichtiger behan-
delt werden als maschinell gearbeitetes. Es wird ohne
Druck gelagert und möglichst nicht offen liegenge-
lassen, weil es dann zu schnell austrocknet. Brote, die
mit frischen Beigaben gebacken worden sind
(Zwiebeln, Kräuter, Obst), müssen schnellstens aufge-
gessen werden. Sie schimmeln sehr schnell.

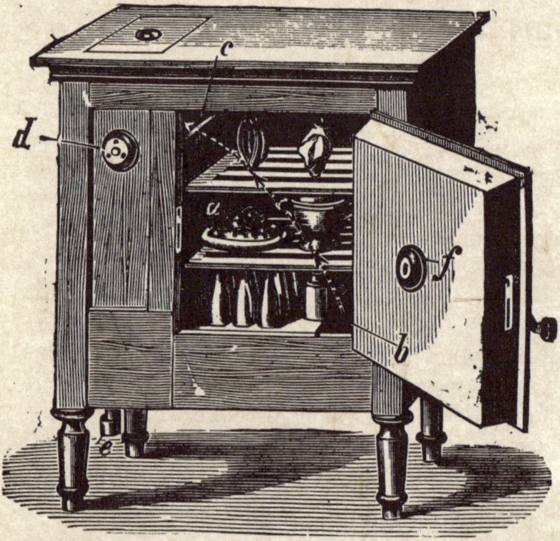

Brot und auch Teig kann man sehr gut einfrieren.
Hefeteig wird bei mindestens –18 Grad gelagert. Er
hält sich etwa zwei Monate. Nach dem Auftauen sollte
er erst einmal gut gehen und mehrfach kräftig durch-
gewalgt werden.

Sauerteig läßt sich hervorragend einfrieren. Das ist
besonders wichtig, wenn man reichlich Sauerteig
braucht zum Einbacken von Fleisch. Sauerteig wird
bei mindestens –18 Grad gelagert. Er hält sich bis zu
sechs Monaten. Nach dem Auftauen sollte er zunächst
einmal gut durchgerührt und aufgefrischt werden
(siehe Seite 37).

Fertiges Brot wird wie üblich eingefroren.

Es schmeckt nach dem Auftauen besonders gut, wenn
es kurz überbacken wird. Die Konsistenz aufgetauter
Brote entspricht nicht ganz der eines frischen Brotes.
Aufgetaute Brote sind etwas bröckeliger als frisch-
gebackene.
Besonderer Tip – vor allem für eingefrorene Sauerteigbrote: Tauen Sie das Brot kurz an, schieben Sie es
dann in den vorgewärmten Ofen und geben sie reichlich Wasserdampf dazu, während das Brot restlos auf-
taut.

Eigene Rezepte & Notizen

Brote mit Hefe

Register

Brote mit Sauerteig

Brote mit Backpulver

Brötchen aller Art

Register

In dieser Reihe sind erschienen:

Münsterländische Küchenschätze
Schwäbische Küchenschätze
Bayerische Küchenschätze
Norddeutsche Küchenschätze
Hessische Küchenschätze
Rheinische Küchenschätze
Fränkische Küchenschätze
Romantisches Kochbuch aus Rothenburg o.d. Tauber
Wiener Küchenschätze
Tiroler Küchenschätze
Schweizer Küchenschätze
Das kleine Backbuch für Kuchen und Torten
Das kleine Kochbuch für 1 Person
Das kleine Rumtopfbuch
Das kleine vegetarische Kochbuch
Das kleine Camping-Kochbuch
Das kleine Buch der Küchenkräuter

Fragen Sie Ihren Buchhändler oder schreiben Sie uns:
Wir schicken Ihnen gern unser Verlagsverzeichnis.